Guest Name

Contact Info

Thoughts et Memories

Guest Name

Contact Info

Thoughts et Memories

Guest Name

Contact Info

Thoughts et Memories

Guest Name

Contact Info

Thoughts et Memories

Guest Name

Contact Info

Thoughts et Memories

Guest Name

Contact Info

Thoughts et Memories

Guest Name _____

_____

Contact Info _____

_____

_____

Thoughts et Memories _____

_____

_____

_____

Guest Name _____

_____

Contact Info _____

_____

_____

Thoughts et Memories _____

_____

_____

_____

Guest Name

Contact Info

Thoughts et Memories

Guest Name

Contact Info

Thoughts et Memories

Guest Name _____

_____

Contact Info _____

_____

_____

Thoughts et Memories _____

_____

_____

_____

Guest Name _____

_____

Contact Info _____

_____

_____

Thoughts et Memories _____

_____

_____

_____

Guest Name

Contact Info

Thoughts et Memories

Guest Name

Contact Info

Thoughts et Memories

Guest Name _____

_____

Contact Info _____

_____

_____

Thoughts et Memories _____

_____

_____

_____

Guest Name _____

_____

Contact Info _____

_____

_____

Thoughts et Memories _____

_____

_____

_____

Guest Name

Contact Info

Thoughts et Memories

Guest Name

Contact Info

Thoughts et Memories

Guest Name _____   *Thoughts et Memories* _____

_____   _____

_____

Contact Info _____

_____   _____

_____   _____

Guest Name _____   *Thoughts et Memories* _____

_____   _____

_____

Contact Info _____

_____   _____

_____   _____

Guest Name _____

Contact Info _____

Thoughts et Memories _____

Guest Name _____

Contact Info _____

Thoughts et Memories _____

Guest Name

Contact Info

Thoughts et Memories

Guest Name

Contact Info

Thoughts et Memories

Guest Name ....

Contact Info ....

Thoughts et Memories ....

Guest Name ....

Contact Info ....

Thoughts et Memories ....

Guest Name _____

_____

Contact Info _____

_____

_____

Thoughts et Memories _____

_____

_____

_____

Guest Name _____

_____

Contact Info _____

_____

_____

Thoughts et Memories _____

_____

_____

_____

Guest Name _____

Contact Info _____

Thoughts et Memories _____

Guest Name _____

Contact Info _____

Thoughts et Memories _____

Guest Name

Contact Info

Thoughts et Memories

Guest Name

Contact Info

Thoughts et Memories

Guest Name

Contact Info

Thoughts et Memories

Guest Name

Contact Info

Thoughts et Memories

Guest Name

Contact Info

Thoughts et Memories

Guest Name

Contact Info

Thoughts et Memories

Guest Name

Contact Info

Thoughts et Memories

Guest Name

Contact Info

Thoughts et Memories

Guest Name _____

_____

Contact Info _____

_____

_____

Thoughts et Memories _____

_____

_____

_____

Guest Name _____

_____

Contact Info _____

_____

_____

Thoughts et Memories _____

_____

_____

_____

Guest Name

Contact Info

Thoughts et Memories

Guest Name

Contact Info

Thoughts et Memories

Guest Name _____

_____

Contact Info _____

_____

_____

Thoughts et Memories _____

_____

_____

_____

Guest Name _____

_____

Contact Info _____

_____

_____

Thoughts et Memories _____

_____

_____

_____

Guest Name

Contact Info

Thoughts et Memories

Guest Name

Contact Info

Thoughts et Memories

Guest Name _____

Contact Info _____

Thoughts et Memories _____

Guest Name _____

Contact Info _____

Thoughts et Memories _____

Guest Name ....

Contact Info ....

Thoughts et Memories ....

Guest Name ....

Contact Info ....

Thoughts et Memories ....

Guest Name _____

Contact Info _____

Thoughts et Memories _____

Guest Name _____

Contact Info _____

Thoughts et Memories _____

Guest Name

Contact Info

Thoughts et Memories

Guest Name

Contact Info

Thoughts et Memories

Guest Name _____

Contact Info _____

Guest Name _____

Contact Info _____

Thoughts et Memories _____

Thoughts et Memories _____

Guest Name

Contact Info

Thoughts et Memories

Guest Name

Contact Info

Thoughts et Memories

Guest Name

Contact Info

Thoughts et Memories

Guest Name

Contact Info

Thoughts et Memories

Guest Name

Contact Info

Thoughts et Memories

Guest Name

Contact Info

Thoughts et Memories

Guest Name

Contact Info

Thoughts et Memories

Guest Name

Contact Info

Thoughts et Memories

Guest Name

Contact Info

Thoughts et Memories

Guest Name

Contact Info

Thoughts et Memories

Guest Name

Contact Info

Thoughts et Memories

Guest Name

Contact Info

Thoughts et Memories

Guest Name

Contact Info

Thoughts et Memories

Guest Name

Contact Info

Thoughts et Memories

Guest Name _____

Contact Info _____

_____

_____

_____

Thoughts et Memories _____

_____

_____

_____

_____

Guest Name _____

Contact Info _____

_____

_____

_____

Thoughts et Memories _____

_____

_____

_____

_____

Guest Name

Contact Info

Thoughts et Memories

Guest Name

Contact Info

Thoughts et Memories

Guest Name _____

Thoughts et Memories _____

Contact Info _____

Guest Name _____

Thoughts et Memories _____

Contact Info _____

Guest Name

Contact Info

Thoughts et Memories

Guest Name

Contact Info

Thoughts et Memories

Guest Name _____

Contact Info _____

Thoughts et Memories _____

Guest Name _____

Contact Info _____

Thoughts et Memories _____

Guest Name

Contact Info

Thoughts et Memories

Guest Name

Contact Info

Thoughts et Memories

Guest Name _____

Contact Info _____

_____

_____

Thoughts et Memories _____

_____

_____

_____

Guest Name _____

Contact Info _____

_____

_____

Thoughts et Memories _____

_____

_____

_____

Guest Name ....

Contact Info ....

Thoughts et Memories ....

Guest Name ....

Contact Info ....

Thoughts et Memories ....

Guest Name _____

Thoughts et Memories _____

Contact Info _____

Guest Name _____

Thoughts et Memories _____

Contact Info _____

Guest Name

Contact Info

Thoughts et Memories

Guest Name

Contact Info

Thoughts et Memories

Guest Name _____

Contact Info _____

Thoughts et Memories _____

Guest Name _____

Contact Info _____

Thoughts et Memories _____

Guest Name

Contact Info

Thoughts et Memories

Guest Name

Contact Info

Thoughts et Memories

Guest Name _____

Thoughts et Memories _____

Contact Info _____

Guest Name _____

Thoughts et Memories _____

Contact Info _____

Guest Name _____

Contact Info _____

Thoughts et Memories _____

Guest Name _____

Contact Info _____

Thoughts et Memories _____

Guest Name ⎯⎯⎯⎯⎯⎯⎯⎯⎯⎯

⎯⎯⎯⎯⎯⎯⎯⎯⎯⎯⎯⎯⎯⎯⎯⎯⎯⎯

Contact Info ⎯⎯⎯⎯⎯⎯⎯⎯⎯⎯

⎯⎯⎯⎯⎯⎯⎯⎯⎯⎯⎯⎯⎯⎯⎯⎯⎯⎯

⎯⎯⎯⎯⎯⎯⎯⎯⎯⎯⎯⎯⎯⎯⎯⎯⎯⎯

Thoughts et Memories ⎯⎯⎯⎯⎯⎯

⎯⎯⎯⎯⎯⎯⎯⎯⎯⎯⎯⎯⎯⎯⎯⎯⎯⎯

⎯⎯⎯⎯⎯⎯⎯⎯⎯⎯⎯⎯⎯⎯⎯⎯⎯⎯

⎯⎯⎯⎯⎯⎯⎯⎯⎯⎯⎯⎯⎯⎯⎯⎯⎯⎯

Guest Name ⎯⎯⎯⎯⎯⎯⎯⎯⎯⎯

⎯⎯⎯⎯⎯⎯⎯⎯⎯⎯⎯⎯⎯⎯⎯⎯⎯⎯

Contact Info ⎯⎯⎯⎯⎯⎯⎯⎯⎯⎯

⎯⎯⎯⎯⎯⎯⎯⎯⎯⎯⎯⎯⎯⎯⎯⎯⎯⎯

⎯⎯⎯⎯⎯⎯⎯⎯⎯⎯⎯⎯⎯⎯⎯⎯⎯⎯

Thoughts et Memories ⎯⎯⎯⎯⎯⎯

⎯⎯⎯⎯⎯⎯⎯⎯⎯⎯⎯⎯⎯⎯⎯⎯⎯⎯

⎯⎯⎯⎯⎯⎯⎯⎯⎯⎯⎯⎯⎯⎯⎯⎯⎯⎯

⎯⎯⎯⎯⎯⎯⎯⎯⎯⎯⎯⎯⎯⎯⎯⎯⎯⎯

Guest Name _____

_____

Contact Info _____

_____

_____

Thoughts et Memories _____

_____

_____

_____

Guest Name _____

_____

Contact Info _____

_____

_____

Thoughts et Memories _____

_____

_____

_____

Guest Name _____

Contact Info _____

Thoughts et Memories _____

Guest Name _____

Contact Info _____

Thoughts et Memories _____

Guest Name _____

_____

Contact Info _____

_____

_____

Thoughts et Memories _____

_____

_____

_____

Guest Name _____

_____

Contact Info _____

_____

_____

Thoughts et Memories _____

_____

_____

_____

Guest Name _____

_____

Contact Info _____

_____

_____

Thoughts et Memories _____

_____

_____

_____

Guest Name _____

_____

Contact Info _____

_____

_____

Thoughts et Memories _____

_____

_____

_____

Guest Name

Contact Info

Thoughts et Memories

Guest Name

Contact Info

Thoughts et Memories

Guest Name _____

Contact Info _____

Thoughts et Memories _____

Guest Name _____

Contact Info _____

Thoughts et Memories _____

Guest Name _____

Contact Info _____

Thoughts et Memories _____

Guest Name _____

Contact Info _____

Thoughts et Memories _____

Guest Name ───────────

─────────────────────────

─────────────────────────

Contact Info ───────────

─────────────────────────

─────────────────────────

─────────────────────────

Guest Name ───────────

─────────────────────────

─────────────────────────

Contact Info ───────────

─────────────────────────

─────────────────────────

─────────────────────────

Thoughts et Memories ───────────

─────────────────────────

─────────────────────────

─────────────────────────

─────────────────────────

Thoughts et Memories ───────────

─────────────────────────

─────────────────────────

─────────────────────────

─────────────────────────

Guest Name

Contact Info

Thoughts et Memories

Guest Name

Contact Info

Thoughts et Memories

Guest Name _____

Contact Info _____

Thoughts et Memories _____

Guest Name _____

Contact Info _____

Thoughts et Memories _____

Guest Name

Contact Info

Thoughts et Memories

Guest Name

Contact Info

Thoughts et Memories

Guest Name _____

Contact Info _____

Thoughts et Memories _____

Guest Name _____

Contact Info _____

Thoughts et Memories _____

Guest Name

Contact Info

Thoughts et Memories

Guest Name

Contact Info

Thoughts et Memories

Guest Name _____

Contact Info _____

Thoughts et Memories _____

Guest Name _____

Contact Info _____

Thoughts et Memories _____

Guest Name

Contact Info

Thoughts et Memories

Guest Name

Contact Info

Thoughts et Memories

Guest Name

Contact Info

Thoughts et Memories

Guest Name

Contact Info

Thoughts et Memories

Guest Name _____

Contact Info _____

Thoughts et Memories _____

Guest Name _____

Contact Info _____

Thoughts et Memories _____

Guest Name _____

Thoughts et Memories _____

_____

Contact Info _____

_____

_____

_____

Guest Name _____

Thoughts et Memories _____

_____

Contact Info _____

_____

_____

_____

Guest Name

Contact Info

Thoughts et Memories

Guest Name

Contact Info

Thoughts et Memories

Guest Name _____

Contact Info _____

Thoughts et Memories _____

Guest Name _____

Contact Info _____

Thoughts et Memories _____

Guest Name

Contact Info

Thoughts et Memories

Guest Name

Contact Info

Thoughts et Memories

Guest Name _____

_____

Contact Info _____

_____

_____

Guest Name _____

_____

Contact Info _____

_____

_____

Thoughts et Memories _____

_____

_____

_____

_____

Thoughts et Memories _____

_____

_____

_____

_____

Guest Name

Contact Info

Thoughts et Memories

Guest Name

Contact Info

Thoughts et Memories

Guest Name _____

Thoughts et Memories _____

Contact Info _____

Guest Name _____

Thoughts et Memories _____

Contact Info _____

Guest Name

Contact Info

Thoughts et Memories

Guest Name

Contact Info

Thoughts et Memories

Guest Name _____

Contact Info _____

Thoughts et Memories _____

Guest Name _____

Contact Info _____

Thoughts et Memories _____

Guest Name

Contact Info

Thoughts et Memories

Guest Name

Contact Info

Thoughts et Memories

Guest Name _____

Contact Info _____

Thoughts et Memories _____

Guest Name _____

Contact Info _____

Thoughts et Memories _____

Guest Name _____

Thoughts et Memories _____

Contact Info _____

Guest Name _____

Thoughts et Memories _____

Contact Info _____

Guest Name _____ *Thoughts et Memories* _____

_____   _____

Contact Info _____   _____

_____   _____

_____   _____

Guest Name _____ *Thoughts et Memories* _____

_____   _____

Contact Info _____   _____

_____   _____

_____   _____

Guest Name

Contact Info

Thoughts et Memories

Guest Name

Contact Info

Thoughts et Memories

Guest Name

Contact Info

Thoughts et Memories

Guest Name

Contact Info

Thoughts et Memories

Guest Name

Contact Info

Thoughts et Memories

Guest Name

Contact Info

Thoughts et Memories

Guest Name _____

Contact Info _____

Thoughts et Memories _____

Guest Name _____

Contact Info _____

Thoughts et Memories _____

Guest Name _____

Contact Info _____

_____

_____

Thoughts et Memories _____

_____

_____

_____

Guest Name _____

Contact Info _____

_____

_____

Thoughts et Memories _____

_____

_____

_____

Guest Name _____

Contact Info _____

Thoughts et Memories _____

Guest Name _____

Contact Info _____

Thoughts et Memories _____

Guest Name

Contact Info

Thoughts et Memories

Guest Name

Contact Info

Thoughts et Memories

Guest Name _____

Contact Info _____

Thoughts et Memories _____

Guest Name _____

Contact Info _____

Thoughts et Memories _____

Guest Name

Contact Info

Thoughts et Memories

Guest Name

Contact Info

Thoughts et Memories

Guest Name _____

_____

Contact Info _____

_____

_____

_____

Thoughts et Memories _____

_____

_____

_____

_____

Guest Name _____

_____

Contact Info _____

_____

_____

_____

Thoughts et Memories _____

_____

_____

_____

_____

Guest Name

Contact Info

Thoughts et Memories

Guest Name

Contact Info

Thoughts et Memories

Guest Name _____

Contact Info _____

Thoughts et Memories _____

Guest Name _____

Contact Info _____

Thoughts et Memories _____

Guest Name

Contact Info

Thoughts et Memories

Guest Name

Contact Info

Thoughts et Memories

Guest Name _____

_____

Contact Info _____

_____

_____

Thoughts et Memories _____

_____

_____

_____

Guest Name _____

_____

Contact Info _____

_____

_____

Thoughts et Memories _____

_____

_____

_____

Guest Name

Contact Info

Thoughts et Memories

Guest Name

Contact Info

Thoughts et Memories

Guest Name _____

Contact Info _____

Thoughts et Memories _____

Guest Name _____

Contact Info _____

Thoughts et Memories _____

Guest Name

Contact Info

Thoughts et Memories

Guest Name

Contact Info

Thoughts et Memories

Guest Name _____

Contact Info _____

_____

_____

Thoughts et Memories _____

_____

_____

_____

Guest Name _____

Contact Info _____

_____

_____

Thoughts et Memories _____

_____

_____

_____

Guest Name _____

Contact Info _____

Thoughts et Memories _____

Guest Name _____

Contact Info _____

Thoughts et Memories _____

Guest Name _____

_____

Contact Info _____

_____

_____

Thoughts et Memories _____

_____

_____

_____

Guest Name _____

_____

Contact Info _____

_____

_____

Thoughts et Memories _____

_____

_____

_____

Guest Name _____

Contact Info _____

Thoughts et Memories _____

Guest Name _____

Contact Info _____

Thoughts et Memories _____

Guest Name _____

Contact Info _____

Thoughts et Memories _____

Guest Name _____

Contact Info _____

Thoughts et Memories _____

Guest Name

Contact Info

Thoughts et Memories

Guest Name

Contact Info

Thoughts et Memories

Guest Name

Contact Info

Thoughts et Memories

Guest Name

Contact Info

Thoughts et Memories

Guest Name

Contact Info

Thoughts et Memories

Guest Name

Contact Info

Thoughts et Memories

Guest Name _____

Contact Info _____

Thoughts et Memories _____

Guest Name _____

Contact Info _____

Thoughts et Memories _____

Guest Name

Contact Info

Thoughts et Memories

Guest Name

Contact Info

Thoughts et Memories

Guest Name _____

_____

Contact Info _____

_____

_____

Guest Name _____

_____

Contact Info _____

_____

_____

Thoughts et Memories _____

_____

_____

_____

Thoughts et Memories _____

_____

_____

_____

Guest Name _____

Contact Info _____

Thoughts et Memories _____

Guest Name _____

Contact Info _____

Thoughts et Memories _____

Guest Name _____

_____

Contact Info _____

_____

Thoughts et Memories _____

_____

_____

Guest Name _____

_____

Contact Info _____

_____

Thoughts et Memories _____

_____

_____

Guest Name

Contact Info

Thoughts et Memories

Guest Name

Contact Info

Thoughts et Memories

Guest Name _____

_____

Contact Info _____

_____

_____

Thoughts et Memories _____

_____

_____

_____

Guest Name _____

_____

Contact Info _____

_____

_____

Thoughts et Memories _____

_____

_____

_____

Guest Name _____

Thoughts et Memories _____

Contact Info _____

Guest Name _____

Thoughts et Memories _____

Contact Info _____

Guest Name _____

Contact Info _____

Thoughts et Memories _____

Guest Name _____

Contact Info _____

Thoughts et Memories _____

Guest Name ....

Thoughts et Memories ....

Contact Info ....

Guest Name ....

Thoughts et Memories ....

Contact Info ....

Guest Name _____

_____

Contact Info _____

_____

_____

Thoughts et Memories _____

_____

_____

_____

Guest Name _____

_____

Contact Info _____

_____

_____

Thoughts et Memories _____

_____

_____

_____

Guest Name

Contact Info

Thoughts et Memories

Guest Name

Contact Info

Thoughts et Memories

Guest Name _____

_____

Contact Info _____

_____

_____

Thoughts et Memories _____

_____

_____

Guest Name _____

_____

Contact Info _____

_____

_____

Thoughts et Memories _____

_____

_____

Guest Name

Contact Info

Thoughts et Memories

Guest Name

Contact Info

Thoughts et Memories

Guest Name _____

Contact Info _____

Thoughts et Memories _____

Guest Name _____

Contact Info _____

Thoughts et Memories _____

Guest Name

Contact Info

Thoughts et Memories

Guest Name

Contact Info

Thoughts et Memories

Guest Name _____

_____

Contact Info _____

_____

_____

Guest Name _____

_____

Contact Info _____

_____

_____

Thoughts et Memories _____

_____

_____

_____

Thoughts et Memories _____

_____

_____

_____

Guest Name

Contact Info

Thoughts et Memories

Guest Name

Contact Info

Thoughts et Memories

Guest Name

Contact Info

Thoughts et Memories

Guest Name

Contact Info

Thoughts et Memories

Guest Name _____

Thoughts et Memories _____

_____

Contact Info _____

_____

_____

Guest Name _____

Thoughts et Memories _____

_____

Contact Info _____

_____

_____

Guest Name _____

_____

Contact Info _____

_____

_____

Thoughts et Memories _____

_____

_____

_____

Guest Name _____

_____

Contact Info _____

_____

_____

Thoughts et Memories _____

_____

_____

_____

Guest Name

Contact Info

Thoughts et Memories

Guest Name

Contact Info

Thoughts et Memories

Guest Name _____

_____

Contact Info _____

_____

_____

Thoughts et Memories _____

_____

_____

_____

Guest Name _____

_____

Contact Info _____

_____

_____

Thoughts et Memories _____

_____

_____

_____

Guest Name

Contact Info

Thoughts et Memories

Guest Name

Contact Info

Thoughts et Memories

Guest Name _____

Contact Info _____

Thoughts et Memories _____

Guest Name _____

Contact Info _____

Thoughts et Memories _____

Guest Name

Thoughts et Memories

Contact Info

Guest Name

Thoughts et Memories

Contact Info

Guest Name

Contact Info

Thoughts et Memories

Guest Name

Contact Info

Thoughts et Memories

Guest Name

Contact Info

Thoughts et Memories

Guest Name

Contact Info

Thoughts et Memories

Guest Name

Contact Info

Thoughts et Memories

Guest Name

Contact Info

Thoughts et Memories

Guest Name

Contact Info

Thoughts et Memories

Guest Name

Contact Info

Thoughts et Memories

Guest Name _____

Contact Info _____

Thoughts et Memories _____

Guest Name _____

Contact Info _____

Thoughts et Memories _____

Guest Name

Contact Info

Thoughts et Memories

Guest Name

Contact Info

Thoughts et Memories

Guest Name _____

Contact Info _____

Thoughts et Memories _____

Guest Name _____

Contact Info _____

Thoughts et Memories _____

Guest Name _____

Thoughts et Memories _____

Contact Info _____

Guest Name _____

Thoughts et Memories _____

Contact Info _____

Guest Name ———————

—————————————

—————————————

Contact Info ———————

—————————————

—————————————

—————————————

Thoughts et Memories ———

—————————————

—————————————

—————————————

—————————————

—————————————

Guest Name ———————

—————————————

—————————————

Contact Info ———————

—————————————

—————————————

—————————————

Thoughts et Memories ———

—————————————

—————————————

—————————————

—————————————

—————————————

Guest Name

Contact Info

Thoughts et Memories

Guest Name

Contact Info

Thoughts et Memories

Guest Name _____

Thoughts et Memories _____

_____

_____

Contact Info _____

_____

_____

_____

_____

Guest Name _____

Thoughts et Memories _____

_____

_____

Contact Info _____

_____

_____

_____

_____

Guest Name _____

Contact Info _____

Thoughts et Memories _____

Guest Name _____

Contact Info _____

Thoughts et Memories _____

Guest Name _____

_____

Contact Info _____

_____

_____

Thoughts et Memories _____

_____

_____

_____

Guest Name _____

_____

Contact Info _____

_____

_____

Thoughts et Memories _____

_____

_____

_____

Guest Name

Contact Info

Thoughts et Memories

Guest Name

Contact Info

Thoughts et Memories

Guest Name _____

_____

_____

Contact Info _____

_____

_____

Thoughts et Memories _____

_____

_____

_____

_____

Guest Name _____

_____

_____

Contact Info _____

_____

_____

Thoughts et Memories _____

_____

_____

_____

_____

Guest Name

Contact Info

Thoughts et Memories

Guest Name

Contact Info

Thoughts et Memories

Guest Name

Contact Info

Thoughts et Memories

Guest Name

Contact Info

Thoughts et Memories

Guest Name

Contact Info

Thoughts et Memories

Guest Name

Contact Info

Thoughts et Memories

Guest Name _____

Contact Info _____

Thoughts et Memories _____

Guest Name _____

Contact Info _____

Thoughts et Memories _____

Made in United States
Troutdale, OR
02/23/2024